AF602724

OBSERVATIONS

SUR

UN SYSTÈME D'ÉCLUSES

A PETITES CHUTES,

PROPOSÉ PAR Mr. P.-S. GIRARD,

Pour les canaux de navigation,

Par Ch. Jos. Minard,

Ingénieur des Ponts et Chaussées.

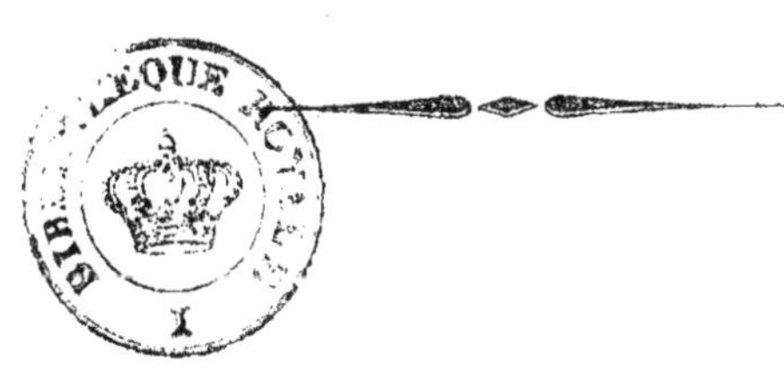

PARIS,

DE L'IMPRIMERIE DE HOCQUET.

1821.

OBSERVATIONS

SUR

UN SYSTÊME D'ÉCLUSES

A PETITES CHUTES.

On lit dans les annales de chimie et de physique (juillet 1820) un mémoire sur les canaux de navigation, dans lequel l'auteur annonce un moyen nouveau de diminuer la quantité d'eau que les bateaux dépensent au passage des écluses. Il prétend de plus que, par une certaine combinaison de la hauteur de leur chûte avec le tirant d'eau des bateaux, on peut rendre cette dépense nulle, et même faire *remonter* l'eau dans les biefs.

L'élégance et la clarté avec lesquelles l'auteur présente sa découverte, le résultat heureux et important qu'il annonce, enfin la réputation qu'il s'est acquise par les recherches savantes qu'il a déjà publiées, ont dû nécessairement influer sur l'opinion avec laquelle on reçoit le perfectionnement proposé ; mais plus son cortège est brillant, plus il est essentiel de se prémunir contre la séduction et de l'examiner avec attention.

Les conséquences du nouveau système sont graves, il ne s'agit rien moins que de changer les règles du tracé des canaux, de proscrire les dimensions des écluses actuelles, de condamner les opinions des ingénieurs les plus célèbres, et de prononcer enfin si leur routine a fait perdre au commerce une partie de son activité, et à plusieurs nations un accroissement de richesses.

Ces motifs sont suffisans pour qu'on se fasse un devoir de combattre les nouveaux principes si on les juge erronés; c'est mon opinion, et je vais l'appuyer par des preuves.

L'auteur examine le passage de deux bateaux qui se croisent à une écluse ; il les suppose de forme primatique, ainsi que le sas de l'écluse, et le remplissant exactement ; il néglige l'intervalle compris entre leurs bords et les parois intérieures du sas, il nomme S la section horisontale du sas et des bateaux, X la chûte de l'écluse, T, le tirant d'eau du bateau montant, $T_{,}$, celui du bateau descendant; il décrit rapidement la manœuvre par laquelle on élève le bateau montant, et il dit que *pour l'effectuer, on a d'abord tiré du bief supérieur pour élever l'eau du sas au niveau de ce bief, un prisme d'eau SX, et ayant pour base la section horisontale du sas, et pour hauteur la différence de niveau entre les deux biefs, c'est-à-dire la chûte de l'écluse.*

Ce n'est pas là l'expression exacte du volume d'eau sorti, puisque ce n'est pas du bief supérieur que l'on peut tirer la quantité d'eau nécessaire pour remplir l'écluse jusqu'au premier niveau de ce bief; car du moment où l'eau du bief s'écoule dans l'écluse, sa surface s'abaisse, la diminution du niveau est en général fort petite; mais quelle qu'elle soit, elle produit l'éclusée et elle ne peut être négligée dans les calculs exacts de la dépense d'eau; autrement, on arriverait à ce résultat absurde, que le bief culminant d'un canal pourrait fournir autant d'éclusées qu'on voudrait, sans s'abaisser, et il serait fort inutile de se fatiguer l'imagination pour trouver les moyens d'économiser l'eau d'une bief inépuisable.

On dira peut-être que le bateau descendant qui se trouve dans le bief supérieur vient de descendre d'un autre bief supérieur contigu, et qu'il est sorti de ce dernier une éclusée qui permet de remplir l'écluse que nous considérons sans que l'eau s'abaisse dans son bief supérieur, au-dessous de la chûte X ; mais il est clair que la difficulté ne serait que reculée et qu'il faudrait toujours en venir au bief culminant dont la perte ne pourrait être réparée par aucun autre bief.

Ainsi l'expression analytique de l'auteur est inexacte, en tant qu'on la considère comme résultat de ce qui se passe réellement ; ou bien, si on le veut, elle représentera le volume d'eau qu'il faut dépenser pour emplir l'écluse, mais en la tirant de tout autre réservoir plus élevé que le bief supérieur, dont la conservation du niveau est une condition rigoureuse de la question.

L'auteur continue, et dit qu'en faisant passer le bateau monté de l'intérieur du sas dans le bief supérieur, le bateau est remplacé dans le sas par un prime d'eau, St, égal à celui qu'il déplace, de sorte qu'il est sorti du bief supérieur pour amener les choses à cet état, un volume d'eau exprimé par $Sx + St$,. Il décrit ensuite la manœuvre pour le bateau qui va descendre, et il fait observer qu'en le faisant passer du bief supérieur dans le sas, on a fait refluer, dans ce bief, un volume d'eau, $St_{,,}$ égal à celui que ce bateau déplace; ce qui était d'abord sorti étant $Sx + St_{,}$ et ce qui est ensuite rentré étant $St_{,,}$ ce que le bief a fourni est $Sx + St_{,} - St_{,,}$ expression que l'auteur met sous cette forme $Sx - S\,(t_{,,} - t_{,})$ et enfin il arrive à cette conclusion remarquable que, lorsque les bateaux ont changé de bief, le double passage est opéré *en faisant dépenser au bief supérieur un volume d'eau représenté par* $Sx - S\,(t_{,,} - t_{,})$ *d'où il suit que la dépense d'eau sera positive, nulle, ou négative, suivant que l'on aura*

$$x > t_{,,} - t_{,}$$
$$x = t_{,,} - t_{,}$$
$$x < t_{,,} - t_{,}$$

Ainsi, non seulement on pourra rendre la dépense d'un bief quelconque aussi petite que l'on voudra, mais encore on pourra la rendre nulle; et même faire REMONTER *dans ce bief un certain volume d'eau du bief inférieur contigu.* (1)

---

(1) Ce volume d'eau serait élevé à la hauteur de la chûte X, suivant les calculs de l'Auteur, sur l'estimation de la force vive.

Examinons ces trois cas.

1°. La chûte étant plus grande que la différence des tirans d'eau des bateaux, la dépense sera aussi petite qu'on voudra.

Il est certain que plus la chûte sera petite, moins l'éclusée sera volumineuse, et plus petite sera la dépense. Mais cette observation n'a rien de neuf; tous les ingénieurs la connaissaient depuis long-tems; dans tous les ouvrages écrits sur cette matière, il est toujours dit qu'un bateau ne tire qu'une éclusée du point de partage pour monter ou descendre tous les biefs d'un même côté de ce point de partage; il était donc bien connu qu'on pouvait diminuer la dépense à volonté en diminuant l'éclusée, c'est-à-dire la chûte de l'écluse (1).

2°. La chûte étant égale à la différence des tirans d'eau, la dépense sera nulle.

---

(1) Voyez le Mémoire de M. *Gauthey*, cité par l'Auteur. M. *Gauthey* dit qu'il y a des écluses de 3 pieds de chûte et même de 2 pieds et demi au canal du Languedoc. En 1768, l'ingénieur *Smeaton*, dans un premier projet du canal de la Forth et de la Clyde ne donnait que 3 pieds (0 m. 90 c.) de chûte aux écluses les plus rapprochées du point de partage, et 4 pieds (1 m. 20 c.), aux autres.

Dans ce second cas la dépense sera toujours égale à l'éclusée. Car le niveau du bief supérieur s'abaissera toujours lorsqu'on remplira l'écluse, la tranche d'eau qu'il perd et qui est égale à l'éclusée, étant indispensable à la navigation de ce bief, il faudra, pour la lui rendre, la prendre au bief supérieur contigu, et finalement la tirer du bief culminant.

3°. La chûte étant plus petite que la différence des tirans d'eau, un certain volume d'eau du bief inférieur *remontera* dans le bief supérieur.

Dans ce troisième cas, la dépense sera encore égale à l'éclusée, et il ne sera pas *remonté* une seule goutte d'eau du bief inférieur dans le bief supérieur.

Il est clair que, d'après la formule du mémoire, la quantité d'eau qui remonterait dans le bief supérieur, serait d'autant plus grande que le tirant d'eau du bateau montant serait plus petit ; je vais donc supposer que ce tirant d'eau est nul, c'est-à-dire qu'il ne s'agit que du seul passage d'un bateau descendant, et si dans ce cas, le plus favorable à la proposition avancée, je fais voir qu'elle n'est pas vraie, à plus forte raison sera-t-elle fausse dans tous les autres.

Soit AC le niveau du bief supérieur. (*Voyez la figure.*)

THIQ le volume plongé d'un bateau qui va descendre.

SSO le niveau du bief inférieur.

REGB le sas de l'écluse dont l'eau est au niveau du bief inférieur.

Je reprends l'exposé de la manœuvre.

On ferme les portes d'aval RE, on introduit l'eau du bief supérieur dans le sas, le niveau de ce bief s'abaisse ainsi que le bateau qui y est à flot, celui du sas s'élève, quand ils ont un niveau commun RBD, on ouvre les portes d'amont AF, on introduit le bateau dans le sas, pendant et après l'introduction le niveau RBD reste constant. Lorsque le bateau remplit exactement le sas (c'est l'hypothèse de l'auteur du Mémoire,) on ferme les portes d'amont on fait écouler l'eau de l'écluse dans le bief inférieur, le niveau de celui-ci s'élève et celui de l'écluse s'abaisse; quand ils ont un niveau commun UZ, on peut ouvrir les portes d'aval et on fait sortir le bateau. Voilà exactement ce qui se passe dans la descente du bateau; qu'en est-il résulté?

Quand on a rempli le sas, l'eau du bief supérieur s'est abaissée, son niveau qui était AC est devenu RMD, le bateau s'est abaissé également, le volume plongé était THIQ, il est devenu MLKN. Il est certain que le bief supérieur a perdu un volume d'eau égal à la tranche ABCD, laquelle est passée dans le sas; ainsi le volume d'eau RSOB qui l'a rempli, est égal à la tranche ABCD.

Jusqu'à présent la partie de l'eau du bief inférieur, renfermée dans le sas, peut être considérée comme étant restée en repos; mais quand le bateau a passé dans le sas, il a fait refluer dans le bief supérieur un volume d'eau égal à celui qu'il y déplaçait; ainsi le vide LMKN qu'il abandonne, sera remplacé par le volume d'eau RPFB, en prenant RP et BF égales au tirant d'eau ML. Le bateau n'a changé ni de poids ni de volume pendant son mouvement; ainsi sa ligne de flottaison MN n'est pas sortie du niveau de l'eau, le fond LK n'est donc pas sorti d'un plan horizontal, et en conséquence la masse d'eau RBPF s'est mue entre deux plans horizontaux, donc son centre de gravité n'a pu ni monter ni descendre.

Le prisme RBPF est composé de deux autres prismes à bases horizontales, l'un RSOB qui est le volume d'eau sorti du bief supérieur et qui y est rentré, l'autre SPFO, qui est une partie de l'eau du bief inférieur et qui passe dans le bief supérieur. Puisque sa base PF n'est pas sorti d'un plan horizontal pendant le passage, il est évident que son centre de gravité ne s'est point élevé. C'est là, la partie d'eau du bief inférieur qui passe dans le supérieur, et qui y remplace une partie du volume plongé du bateau à même hauteur qu'elle, mais *elle n'a point monté.*

Il est inutile de suivre plus loin la descente du bateau, car une fois introduit dans le sas, on ferme les portes d'amont, et l'opération est terminée pour le bief supérieur qui ne communique plus avec le sas.

Il reste donc démontré que l'eau du bief inférieur qui passe dans le supérieur, n'a pas monté; que le bief supérieur s'est abaissé, et qu'il a perdu une éclusée comme à l'ordinaire, avec cette différence qu'au lieu de tomber dans le bief inférieur, elle est descendue dans une partie du vide abandonné par le bateau.

Ce que nous venons de dire n'implique point contradiction avec l'expression algébrique Sx-S $(t_{,,} - t_{,})$. Elle représente bien, lorsqu'elle est positive, ce qui est sorti du bief supérieur, et par conséquent, lorsqu'elle est négative, elle représente ce qu'il a reçu; mais elle ne peut signifier que l'eau ait monté ou descendu, puisqu'elle ne contient point d'élément de chute ni d'ascension.

Il est vrai qu'ordinairement une quantité d'eau qui passerait du bief inférieur d'un canal dans le bief supérieur, serait élevée, parce qu'ordinairement le fond du bief supérieur est au-dessus du niveau du bief inférieur; mais toutes les fois que la chute sera plus petite que la hauteur d'eau du canal, les deux biefs auront une tranche horizontale commune à même hauteur, dans laquelle pourront s'opérer, au moyen du jeu de l'écluse, des changemens de place d'eau et de volume de bateau, sans qu'il y ait élévation d'aucune masse.

Or il ne s'agit pas d'augmenter la masse d'eau du bief culminant d'un canal, sans élever son niveau; car tant que ce niveau est constant, on n'a fait ni acquisition, ni perte d'eau propre à la navigation. Donner de l'eau à un canal, c'est mettre à sa disposition une certaine quantité d'eau au-dessus du niveau de son bief culminant; diminuer sa dépense, c'est abaisser ce niveau d'une moindre hauteur.

Nous venons de voir qu'il ne remonte point d'eau du bief inférieur dans le bief supérieur, ce que l'on prétendait; que le bief supérieur s'est abaissé, ce que l'on ne disait pas, et que bien qu'il eut gagné en volume d'eau, il avait perdu en hauteur une tranche de ce liquide qui constitue la véritable dépense qu'a exigé la descente du bateau. Concluons donc généralement que les écluses à petites chutes peuvent diminuer la dépense de l'eau d'un canal, ainsi qu'on le savait déjà, mais qu'elles ne peuvent la rendre nulle, et encore moins *élever de l'eau* d'un bief inférieur dans un bief supérieur quelconque.

Cependant on peut concevoir un cas très-particulier où les écluses à petites chutes favoriseraient un moyen naturel d'élever l'eau, et seraient avantageuses à la navigation pour la dépense d'eau, si elles ne devaient être rejetées sous d'autres rapports. Ce cas est celui d'un canal qui ne serait jamais parcouru que par des bateaux descendans.

Il est de toute évidence que puisqu'aucun bateau n'a monté au bief culminant, et qu'il s'y trouve, c'est qu'il y a été construit, et qu'il y a reçu son chargement. Par cette opération, il s'est plongé dans l'eau, et il force ce liquide renfermé dans le bief à monter d'une hauteur telle que la tranche élevée soit égale au volume déplacé. Ici le résultat est contraire à celui que nous avons examiné précédemment ; le volume d'eau du bief n'est pas augmenté, mais son niveau est élevé, et par là on a acquis la faculté de faire descendre le bateau nouvellement chargé. Si donc on conçoit à l'extrémité de ce bief une écluse du genre de celle que nous avons examinée, c'est-à-dire qui rende au bief plus d'eau qu'il n'en est sorti par l'éclusée, il est certain qu'après la descente du bateau, ce bief contiendra un plus grand volume d'eau, et à un niveau plus élevé qu'avant le chargement.

Mais ce qui se passe ici est évidemment l'effet direct du chargement, au moyen duquel on a acquis un certain volume d'eau propre à la navigation ; on ne peut l'attribuer à l'écluse à petite chûte qui a toujours fait perdre l'éclusée, mais comme l'acquisition était plus considérable que la dépense, le reste est encore un bénéfice pour la navigation.

Au surplus, cet avantage ne peut se conserver long-tems, car l'eau s'élevant toujours dans le bief culminant à chaque bateau créé, et non dans les biefs inférieurs qui rendent ce qu'ils reçoivent, la chûte de cette première écluse augmente de plus en plus, et dès qu'elle est égale au tirant d'eau du bateau, le bief culminant ne reçoit plus rien.

Ainsi le plus grand effet de ce système dans les seules circonstances très-rares qui en permettraient l'application, serait de rendre la dépense nulle, par l'effet du chargement.

On conviendra que cette particularité n'a rien de commun avec les canaux à point de partage; leur bief culminant ne reçoit point de chargement, et n'est qu'un lieu de passage. Les sommes considérables, que l'on sacrifie pour réunir les deux branches de ces canaux, démontrent assez clairement que les bateaux arrivent au point de partage par la navigation ascendante. Il ne resterait donc pour application du système proposé que les branches de canaux qui se terminent en cul de sac.

On donne cependant à entendre que ces applications seront fréquentes, et que les conditions qui les rendent avantageuses, c'est-à-dire la descente des bateaux avec chargement, et l'ascension des bateaux vides, se rencontrent presque partout, par suite de la prédominance qu'on attribue à la navigation descendante. On cite plusieurs exemples.

On cite le transport des houilles et des fontes de Birmingham, à Londres; mais avant d'arriver dans cette capitale, les bateaux qui les portent franchissent trois seuils de point de point de partage, et montent, à trois reprises, une hauteur totale de deux cent quatre-vingt pieds anglais (1).

On cite le canal de Briare, mais les bateaux qui arrivent à Paris ont remonté cent dix-sept pieds, de Briare au point de partage, et deux cent huit pieds s'ils sont partis d'Orléans.

Et bien que, dans ces exemples, les bateaux chargés aient descendu plus qu'ils n'ont monté, partout où ils ont monté ils ont dépensé l'éclusée, et partout où ils ont descendu ils ont encore dépensé l'éclusée.

On peut, d'ailleurs, citer dans le sens opposé, car il paraît que le nombre des bateaux qui passent au point de partage du canal de Languedoc venant de la Méditerranée, et ayant monté six cents pieds, est égal au nombre de ceux venant de Toulouse, qui ne se sont élevés que de deux cents pieds.

Au canal de St-Quentin, le nombre des bateaux qui montent de chaque côté du point de partage est presque le même, ainsi que leur tirant d'eau.

(1) Histoire de la navigation intérieure de l'Angleterre de *Philipps*.

Presque tous les grands canaux ont pour but de faciliter les relations commerciales entre les grandes vallées fertiles, mais dont les productions diffèrent par la nature du sol et l'exposition. Ces vallées sont généralement pourvues de grandes rivières dont la communication ne peut avoir lieu qu'au moyen d'une navigation artificielle et ascendante qui traverse les chaînes de montagnes qui séparent les bassins. C'est ainsi que les comtés d'Angleterre jouissent presque tous de l'échange facile de leurs produits, et que la navigation ascendante a été préférée plusieurs fois à la navigation maritime, à laquelle la position et la forme géographique de ce royaume donnaient tant d'avantages.

Je crois inutile d'insister davantage sur l'examen de la prédominance, attribuée à la navigation descendante, dont l'idée est plus ingénieuse que solide ; et il est certain que, dans la formation d'un projet de canal, il vaudra mieux consulter les localités qu'une théorie commerciale.

Revenons aux inconvéniens des écluses à petites chûtes, considérées sous d'autres rapports que la dépense d'eau ; elles en offrent un très-grand au commerce, en augmentant les frais de transport, car le prix sera d'autant plus élevé que la navigation sera plus longue

Or, le tems employé à remplir et vider les sas sera augmenté, attendu que les écoulemens auront lieu sous de très-petites charges; le tems perdu à faire entrer et sortir les bateaux sera aussi augmenté proportionnellement au nombre d'écluses.

La longueur de chaque bief du canal sera d'autant plus petite que le nombre des écluses sera plus grand, ou, ce qui revient au même, que leur chûte sera plus petite. Ainsi les difficultés qu'on éprouve pour ne pas trop rapprocher les écluses de chûte moyenne dans beaucoup de circonstances, seront considérablement augmentées, et près du bief culminant où les pentes du terrain sont plus fortes, il sera souvent impossible d'éviter les écluses accolées.

Venons enfin au grand obstacle qui arrêterait le système des écluses à petites chûtes, quand bien même elles jouiraient des avantages dont je crois avoir montré la nullité; examinons-le sous le rapport de la dépense en argent, pierre de touche de tout projet qui a un but d'utilité publique.

Tous les constructeurs admettront qu'il y a de certaines limites dans les dimensions d'un ouvrage qu'on ne peut dépasser, tant en les augmentant qu'en les diminuant, sans se jeter dans de grandes dépenses ; de sorte que si l'utilité de cet ouvrage est proportionnelle à sa grandeur il y a une moindre dépense qui correspond à une plus grande utilité.

Dans la construction des écluses à très-grande chûte, on est obligé d'augmenter tellement les épaisseurs des maçonneries, pour les garantir d'une prompte dégradation, que l'on est entraîné dans des dépenses considérables ; d'un autre côté, si l'on diminue de plus en plus la hauteur de chûte des écluses, comme on est forcé d'augmenter proportionnellement leur nombre, il arrive que le surcroît de dépense occasionné par cette multiplicité d'écluses, n'est pas compensé par l'économie qui résulte du bas prix de chacune d'elle. Cela a lieu parce qu'on ne peut diminuer les dimensions des murs et autres parties proportionnellement à la chûte ; ainsi, pour en donner un exemple, le radier de plusieurs écluses de bassins de flot supportant quinze pieds de charge a cinq pieds d'épaisseur ; celui de beaucoup d'écluses de huit pieds de chûte à trois pieds, mais personne n'oserait proposer un radier du quart de cette épaisseur, ou de neuf pouces pour une écluse du quart de chûte ou de deux pieds.

Il y a donc une hauteur de chûte qui correspond à une moindre dépense, et quoique je ne prétende pas que ce soit celle des écluses actuelles, qui offrent des différences assez grandes, je crois qu'on ne peut beaucoup s'écarter de la chûte moyenne. Il n'est pas improbable qu'il soit arrivé pour les écluses ce dont les arts nous offrent plusieurs exemples, c'est-à-dire, qu'à force de tatonnemens, de fautes et de corrections, on soit arrivé, avec le tems, au même résultat qu'indiquerait la théorie appuyée de la pratique; au moins est-il certain qu'on ne peut diminuer beaucoup les chûtes moyennes actuelles sans augmenter beaucoup les dépenses.

Avant de donner le rapport du prix des écluses de différentes chûtes, je ferai remarquer qu'il y a deux réductions importantes à faire subir à celles que l'auteur du mémoire détermine par ses calculs.

La première, qu'il a indiquée lui-même, est relative à cette considération, que les bateaux n'arrivent point à chaque écluse de manière à s'y croiser un à un; en effet, il est rare qu'il n'y ait pas plusieurs bateaux vides qui remontent ensemble, parce qu'alors il y a économie dans les frais de hâlage; au contraire, les bateaux chargés voyagent ordinairement seuls. Ainsi la dépense ne doit pas être calculée sur le double passage, mais sur une certaine combinaison probable de rencontres, que l'auteur estime devoir diminuer la chûte d'un quart, et c'est celle qu'il est plus convenable d'admettre.

La seconde réduction tient à ce que l'auteur a supposé, dans le commencement de ses calculs, qu'on pouvait négliger l'espace compris entre les bords du bateau et les parois intérieures de l'écluse. Cette hypothèse, sur laquelle il ne revint plus, n'est admissible qu'en théorie, et il convient d'indiquer les corrections qui restent à faire dans la pratique. L'auteur n'ayant rien dit qui puisse faire présumer qu'il ait un nouveau système de portes à proposer, nous ne pouvons faire la correction qu'en supposant qu'on emploie les portes busquées actuelles. Or, les écluses que l'on construit aujourd'hui en France et en Angleterre, laissent entre elles et les bateaux un espace qui est ordinairement le quart de leur capacité totale, et qui va même jusqu'au tiers pour les écluses de petite navigation anglaise, ainsi il y a perte du quart de l'éclusée ; donc sous ce rapport les chûtes proposées devraient encore subir une réduction notable.

Si nous avons égard à ces réductions dans l'exemple que donne l'auteur, les écluses de o m. 67 c. de chûte qu'il propose, pour faire remonter l'eau au bief culminant, seraient tout au plus propre à rendre la dépense nulle, et puisque nous avons trouvé que c'était le maximum de l'avantage, dans le seul cas possible d'application, comparons le prix d'une écluse de o m. 67 c. avec celui d'une écluse de 2 m. 68 c. chûte moyenne ordinaire.

Sans entrer dans des détails estimatifs trop longs, on peut avoir une idée de la dépense relative, en comparant le cube des maçonneries contenu dans un mètre courant de sas, puisque les longueurs des écluses sont les mêmes.

Voici les principales dimensions que j'adopte dans cette comparaison.

	Ecl. de 2 m 68 c.	Ecl. de o m 67 c.
	m	m
Largeur du sas.	5 20. .	5 20
Hauteur des bajoyers au-dessus du radier . . .	5 20. .	3 20
Epaisseur réduite des bajoyers	1 70. .	1 10
Largeur du radier et des fondations	9 80. .	7 80
Epaisseur du radier	1 00. .	o 80

Maçonnerie en pierre de taille ou en briques ou avec mortier de ciment.

	Ecl. de 2 m 68 c.		Ecl. de o m 67 c.	
Longueur développée des tablettes et du parement intérieur du sas. . . .	18 00	m c 7 20	13 60	m 5 4[illegible]
Epaisseur réduite de ces maçonneries .	o 40		o 40	

Maçonnerie totale.

Radier et fondations	largeur	9 80	9 80	7 80	6 24
	epaisseur . . .	1 00		0 80	
Un bajoyer	hauteur	5 20	8 84	3 20	3 52
	épaisseur réduite	1 70		1 10	
L'autre semblable			8 84		3 52
Cube total			27 48		13 28
À déduire la pierre de taille, brique, etc. ci-des.			7 20		5 44
Reste pour maçonnerie ordinaire.			20 28		7 84
La maçonnerie en pierre de taille, briques etc. coûtant à peu près trois fois plus que la maçonnerie ordinaire, nous devons la compter pour trois fois son cube dans la quantité de maçonnerie qui établit le rapport des dépenses.			21 60		16 32
Total qui indique le rapport du prix des écluses.			41 88		24 16

Puisqu'il faudra quatre petites écluses semblables pour racheter la même différence de niveau que la grande, les dépenses seront :: 42 : 97, ou :: 1 : 2 . 1/3

De plus si l'on considère qu'il faudra le double au moins d'éclusiers et de maisons éclusières, que les chances pour rencontrer de mauvais terrains dans les fondations seront quatre fois plus grandes, ce qui sera toujours plus que suffisant pour compenser la diminution des terrasses, on peut avancer que généralement les quatre petites écluses coûteront bien plus du double de la grande.

Ce résultat, déjà indiqué (1) par les ingénieurs, les justifie pleinement de la préférence qu'ils ont donnée jusqu'à ce jour aux écluses de chûte moyenne, et l'on conçoit que les capitalistes les ont entretenus dans cette opinion.

Une écluse de chûte moyenne, en lui supposant un sas de 30 m. de longueur, coûterait environ 70,000 francs, ainsi, dans le cas où il s'agirait de racheter une différence de niveau de 2 m. 68 c. seulement l'excédant de dépense des quatre écluses de 0 m. 67 c. sur celle de 2 m. 68 c. serait de 93,000 francs, si la différence de niveau était de 5 m. 36 c., l'excédant de dépense serait de 186,000 francs, et ainsi de suite en augmentant proportionnellement à la pente totale du canal.

Or il ne faut jamais perdre de vue qu'un canal n'est qu'un moyen de transport moins coûteux que celui qui existait avant son éta-

---

(1) M. *Gauthey*, dans son mémoire sur les écluses, fait la répartition d'une chûte totale de 120 pieds en écluses de 4, 6, 8, 10 et 12 pieds de chûte, et donne pour chaque hypothèse le prix de toutes les écluses, l'eau qu'elles feront dépenser, et le tems que les bateaux emploieront à les traverser. Il trouve que les écluses de 4 pieds de chûte coûtent le double de celles de 12 pieds.

blissement, que les frais de navigation sont à jamais grevés des intérêts des capitaux engagés dans sa construction, et que plus on augmente les dépenses, plus on s'éloigne du but que se proposait le commerce.

Une sévère économie est d'autant plus importante dans les premières constructions, que les relations commerçiales ont des besoins bornés dans les premiers tems de la navigation, tandis que venant à s'accroître par la facilité des débouchés, elles permettent plus tard des augmentations de dépenses proportionnelles aux revenus qu'elles procurent, mais qu'on n'aurait pu supporter dans le principe.

Ainsi donc s'il est essentiel d'augmenter l'eau disponible du bief culminant, il ne faut pas la faire payer trop cher; c'est à l'ingénieur à combiner, sur les données des commerçants et des spéculateurs qui entreprennent le canal, les divers moyens que l'art a mis à sa disposition, et à choisir celui qui offre le moins de perte de valeur.

Dans l'état actuel de la mécanique, aux prix du charbon de terre dans beaucoup de parties de la France, et surtout depuis le pas immense qu'ont fait les pompes à feu, par l'emploi de la vapeur à haute pression, je crois que l'élévation de l'eau, par des moyens mécaniques, sera toujours préférable à la construction des écluses à petites chûtes (1); et je terminerai par une estimation approchée du prix auquel reviendrait l'éclusée ordinaire, en élevant l'eau par des pompes à feu.

Prenons pour exemple un canal à point de partage, qui serait exécuté nouvellement, et supposons que les filtrations du bief culminant, jointes à l'évaporation et aux pertes d'eau par les portes des deux écluses extrêmes, absorbent la totalité des caux qu'on peut réunir au point de partage; supposons, de plus, que des sources suffisantes se trouvent au niveau du 3me. bief inférieur, et qu'il faudrait, par conséquent, les élever de trois chûtes d'écluse pour les faire arriver au niveau du bief culminant. Voyons, dans ces hypothèses, les secours que l'on pourrait attendre de l'emploi d'une pompe à feu.

---

(1) L'auteur dans le commencement de son mémoire regarde *ce moyen comme le moins dispendieux quand le combustible ne manque pas.* Mais on ne voit pas comment un canal, c'est-à-dire un moyen de communication, manquerait de combustible, quand on voit que Paris tire son charbon de terre de la Flandre et du Forez.

Une machine à vapeur comprimée de la force de douze chevaux attelés, donnera en effet utile, c'est-à-dire en eau élevée, une puissance mécanique de $12 \times 7000 = 84{,}000$, en prenant pour unité de puissance mécanique un mètre cube d'eau élevé à un mètre de hauteur (1). Cette machine consommera 30 kilog. de charbon de terre par heure. Ces résultats sont ceux généralement admis en Angleterre, où les nombreuses applications des pompes à feu à l'élévation de l'eau ne peuvent laisser de doute à cet égard (2).

Faisons le compte de la dépense annuelle d'une machine à vapeur de douze chevaux.

---

(1) Par cheval attelé on ne doit point entendre la force réelle du cheval, mias une expression de convention dont se servent les ingénieurs et les mécaniciens anglais. Cette unité de compte ne peut être estimée au-dessous de 7000 de puissance mécanique. On la trouve évaluée de 7700 à 10300 dans l'Encyclopédie Britannique, à l'article machine à vapeur par le docteur *Robinsen*, avec des notes de J. *Watt*. Ce dernier nom fait autorité.

(2) Ils sont d'ailleurs confirmés par ceux de la machine à vapeur comprimée établie au Gros Caillou, à Paris en 1818. Des discussions qui s'élevèrent entre l'acheteur et le vendeur, donnèrent lieu à des expertises judiciaires qui établirent que la machine était de 24 chevaux et consommait 50 kilogrammes de charbon de terre par heure.

Achat de la machine à vapeur et de la pompe à eau.	25,000 f.
Bâtimens, pose, tuyaux de conduite et rigole pour amener l'eau au bief culminant, estimés à.	25,000
Total du capital engagé.	50,000
Intérêt de ces 50,000 f., à 5 pour 100, ci	2,500
Frais de conducteur, entretien des fourneaux, etc.	4,000
Le charbon consommé pendant 300 jours d'activité de 24 heures, à raison de 30 kilogrammes par heure, sera de 216,000 k., lesquels à 5 f. 00 c. les 100 k. (prix de Paris) valent.	10,800
Total de la dépense par an.	17,300
Nous supposerons les écluses de 34 m. 00 c. de longueur entre les buscs de 5 m. 20 c. de largeur et de 2 m. 60 c. de hauteur de chute, ce qui produit une éclusée de.	459 68
A quoi il convient d'ajouter pour la plus largeur de l'enclave des portes d'aval environ	4 32
Volume de l'éclusée	464 00

L'eau doit être élevée par supposition de trois

chutes, c'est-à-dire de $3 \times 2^m\ 60^c = 7^m\ 80^c$, à quoi ajoutant la pente de la rigole que je supposerai de $0^m.60^c$. on aura pour hauteur totale $8^m\ 40^c$. Ainsi la puissance mécanique nécessaire pour remplir l'écluse du point de partage sera de $464^m.00^c. \times 8^m.40^c. = 3897\ 50$.

La puissance mécanique développée par la machine, est, comme nous l'avons vu, de 84000; elle pourra donc fournir 21 éclusées ½ par jour et 6450 par année de 300 jours d'activité.

Nous avons trouvé que la dépense annuelle était de 17300 f., ainsi l'éclusée reviendra à 2f. 68 c.

Chaque bateau ne dépensant que deux éclusées pour parcourir toute la ligne du canal, les 6450 éclusées pourront faire passer 3225 bateaux par an. Le passage de chacun d'eux ne coûtera que 5 f. 36 c. à l'administration du canal, et si nous supposons que le montant des droits que le commerce pourrait supporter, s'élève à 150 f. 00 c. par bateau (1) et qu'il en passe effectivement 3225 par année, l'excédant

---

(1) C'est à-peu-près le montant des droits perçus au canal de Saint-Quentin.

de la recette sur les frais de la machine serait en totalité de 466,464 fr.

Ces 466,464 f. comptés comme intérêts à 5 pour cent correspondent à un capital de plus de neuf millions. Mous voilà donc arrivés à ce ré-résultat qu'une machine à vapeur de douze chevaux aurait sauvé, d'une perte totale, les revenus d'un canal de neuf millions de valeur.

Les calculs précédens indiquent assez le parti avantageux qu'on peut tirer des machines à vapeur dans les canaux; les autorités et les faits viennent à l'appui (1). Aujourd'hui l'opinion générale des ingénieurs anglais, est en leur faveur, et entre autres exemples d'application on peut citer les écluses de Smithwick sur le vieux canal de Birmingham (2), ainsi que l'élévation de l'eau dans la ville de Londres, où plus de dix-sept machines à vapeur de la force réunie de plus de cinq-cents chevaux attelés fournissent l'eau à cette capitale qui n'en recevait point assez de la dérivation de la Lea, exécutée long-tems avaut la découverte des pompes à feu.

---

(1) Voyez les Mémoires sur les travaux publics de l'Angleterre, par M. Dutens, page 73.

(1) C'est en 1778 que l'ingénieur *Smeaton* employa une pompe à feu pour remonter l'eau dans les écluses, au vieux canal de Birmingham. Voyez l'Encyclopédie du docteur *Rees's*, article Steam-Eugine. Ce procédé est est encore en activité aujourd'hui, voyez les mémoires de M. *Dutems*, page 83.

Je sais que le bas prix du charbon anglais rend l'avantage de ces machines bien plus grand en Angleterre qu'en France ; mais dans l'exemple dont j'ai fait le calcul j'ai supposé le charbon à un prix plus élevé qu'il ne sera dans tout autre point de la France ; et, cependant, il en est résulté un avantage considérable en faveur des machines, concluons donc qu'en général ce moyen d'alimenter un canal ou d'augmenter l'eau disponible du bief culminant, est encore préférable aux écluses à petites chûtes.

En résumant ce qui a été exposé dans ce mémoire, on reconnaîtra :

1o Que les écluses à petites chûtes dépensent d'autant moins d'eau que leur chûte est plus petite ; mais aussi que leur dépense en argent est d'autant plus grande ; avantage et inconvénient déjà connus.

2° Que dans aucun cas, elles ne peuvent faire *remonter* l'eau d'un bief intérieur dans le bief supérieur contigu.

3° Que dans le cas où tous les bateaux recevraient leur chargement dans le bief culminant, le maximum de leur avantage serait de rendre la dépense nulle.

4o Qu'enfin, dans ce dernier cas, l'excès de dépense en argent auquel entraîne leur construction sur les dépense des écluses de chûte moyenne, doit la faire rejeter, et qu'il serait plus avantageux d'établir des machines à vapeur pour élever l'eau.

Paris, ce 20 janvier 1821.

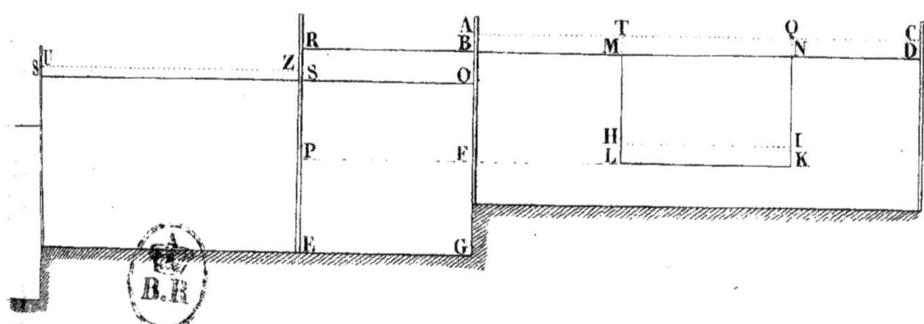
A
B
T
Q
C
M
N
D
R
S
O
U
Z
P
F
H
I
L
K
E
G

www.ingramcontent.com/pod-product-compliance
Ingram Content Group UK Ltd.
Pitfield, Milton Keynes, MK11 3LW, UK
UKHW021029260726
13994UKWH00005B/2045